L'ambassade d'al-Ghazal auprès du roi des Normands

par

A. FABRICIUS.

Tiré des Actes du 8e Congrès International des Orientalistes,
tenu en 1889 à Stockholm et à Christiania.

LEIDE. — E. J. BRILL
1890.

L'ambassade d'al-Ghazal auprès du roi des Normands

par

A. FABRICIUS.

Tiré des Actes du 8e Congrès International des Orientalistes, tenu en 1889 à Stockholm et à Christiania.

LEIDE. — E. J. BRILL
1890.

L'ambassade d'al-Ghazal auprès du roi des Normands.

Comme il est à présumer, les communications des hommes du Nord avec les Arabes ont été très rares.

Bien longtemps, depuis plusieurs siècles, on connaît les trouvailles fréquentes de monnaies cufiques qui se sont faites très souvent dans le sol de l'île suédoise de Gotland; ces trouvailles témoignent des relations commerciales antiques entre le Nord et l'Orient. Plus tard, dans les temps modernes, on a trouvé des renseignements sur les invasions des Normands dans l'Espagne arabe; mais, de nos jours, c'est grâce à l'infatigable travail du célèbre savant Reinhard Dozy, que bien des auteurs et historiens arabes ont été reproduits, publiés et traduits d'après les manuscrits, qui ont jeté de nouvelle lumière sur l'histoire arabe en général et particulièrement sur les invasions des Normands.

La relation de l'ambassade que Abdérame II après l'invasion de 844 envoya au roi des Normands, est un morceau curieux et unique en son genre. On a connu quelques particularités sur cette ambassade par les extraits qu'en a donnés Maccari (t. I, p. 630) d'Ibn Dihya; mais ils sont si incomplets, qu'ils ne suffisent pas même pour en fixer le temps. Heureusement, le Musée britannique a acheté en avril 1868 un excellent manuscrit de cet ouvrage d'Ibn Dihya, qui porte le titre de „al-Motrib fi ach'ari ahli 'l-Maghrib" ou le (livre) amusant sur les poésies des Maghribins, et qui n'existait pas jusqu'à lors en Europe. Entre autres articles, il contient l'ambassade d'al-Ghazal.

L'auteur *Abou 'l-Khattab ibn Dihya* ou *Dahya* était d'une naissance très illustre. Il descendait, du côté de son père, d'un compagnon de Mahomet, et du côté de sa mère, de Hosain, petit-fils du Prophète. Né à Valence vers le milieu du XIIe siècle, il était fort versé dans la philologie et l'histoire, mais surtout dans les traditions relatives au Prophète. Pour les recueillir, il parcourut l'Espagne mauresque, l'Afrique et l'Asie, et mourut au Caire en 1235.

Mais il a suivi un auteur beaucoup plus ancien, *Tammam ibn Alcama*, qui avait été vizir sous trois sultans, Mohammed, Mondzir et Abdallah, et qui mourut l'an 896, comptant 96 années lunaires.

L'ambassadeur que Abdérame II envoyait au Nord, fut *Yahya ibn al-Hacam Becri* de Jaen, un des poètes les plus renommés de son temps. Dans sa jeunesse, il avait reçu le surnom de *Ghazal* (gazelle) à cause de sa beauté. A Constantinople, où il avait été envoyé en ambassade par Abdérame, il avait su gagner l'empereur et surtout l'impératrice par ses discours spirituels, ses galanteries et ses bons mots.

Voici le texte du manuscrit en traduction de Dozy:

«Lorsque l'ambassadeur du roi des Madjous fut arrivé auprès du sultan Abdérame pour lui demander la paix, après qu'ils furent sortis de Séville, qu'ils en eurent attaqué les environs, qu'ils y eurent été mis en fuite et que le commandant de leur flotte eut été tué, Abdérame résolut de leur répondre qu'il leur accordait leur demande. Il ordonna donc à al-Ghazal d'aller en ambassade avec l'envoyé de leur roi, attendu qu'al-Ghazal avait l'esprit subtil et prompt, qu'il savait répondre nettement, qu'il avait du courage et de l'audace, et qu'il savait entrer par toutes les portes et en sortir. Accompagné de Yahya ibn Habib, il se rendit à Silvès, où un beau navire, pourvu de toutes les choses nécessaires, avait été préparé pour les recevoir. Ils étaient porteurs d'une réponse à la demande du roi des Madjous et d'un présent en retour du sien. L'ambassadeur de ce roi entra dans un autre vaisseau, celui dans lequel il était venu, et les deux embarcations firent route ensemble. A la hauteur du grand promontoire (Saint-Vincent?) qui entre dans la mer, qui est la limite de l'Espagne dans l'extrême Ouest, et qui est la montagne connue sous le nom d'Alowiya, ils furent assaillis par une tempête.

Ce danger passé, al-Ghazal arriva à la limite du pays des

Madjous, à une de leurs îles. On s'y arrêta quelques jours pour réparer les navires et pour se reposer. Puis le vaisseau des Madjous fit voile vers le roi pour lui annoncer l'arrivée de l'ambassadeur. Le roi s'en réjouit, et quand il eut donné l'ordre de faire venir les Andalous, ils se rendirent à l'endroit où il résidait. C'était une grande île dans l'Océan, où il y avait des eaux courantes et des jardins; elle était à trois journées, ce qui équivaut à trois cents milles, de la terre ferme; il y avait une quantité innombrable de Madjous, et dans le voisinage se trouvaient beaucoup d'autres îles, grandes et petites, toutes habitées par des Madjous, et le continent leur appartient aussi; c'est un grand pays qui demande plusieurs jours pour le parcourir. Ils étaient alors païens (Madjous); à présent ils sont chrétiens, car ils ont abandonné le culte du feu, leur ancienne religion; seulement les habitants de quelques îles l'ont retenue; là on épouse encore sa mère ou sa sœur et d'autres abominations s'y commettent aussi. Avec ceux-là les autres sont en guerre et ils les emmènent en esclavage.

Le roi ordonna de préparer pour les Andalous une belle demeure. Il envoya des personnes à leur rencontre et les Madjous accoururent en foule pour les voir, de sorte que les Andalous furent à même de les observer dans leur costume et de s'en étonner. Deux jours après leur arrivée, le roi les appela en sa présence; mais al-Ghazal conditionna qu'il ne serait pas obligé de s'incliner devant lui et que lui et son compagnon ne s'écarteraient en rien de leurs habitudes.

Le roi y avait consenti; mais lorsqu'ils arrivèrent à la salle où le roi, qui était magnifiquement vêtu, les recevrait, ils trouvèrent que, conformément à son ordre, la porte en avait été rendue si basse, qu'on ne pouvait entrer qu'en se baissant. Alors al-Ghazal s'assit par terre, et, s'aidant de ses pieds, il se poussa en avant sur son derrière; puis, ayant ainsi passé par la porte, il se redressa aussitôt.

Le roi avait rassemblé beaucoup d'armes et de choses magnifiques; mais al-Ghazal ne donna aucun signe d'étonnement ou de crainte, et, se tenant debout, il dit: „Salut et bénédiction à vous, ô roi, et à tous ceux qui se trouvent en votre présence! Puissiez-vous jouir longtemps de la gloire, de la vie, de la protection qui peut vous conduire à la grandeur dans ce monde et dans l'autre, qui durera toujours et où l'on sera en présence du Dieu vivant et éternel, le seul être, qui n'est point périssable. C'est lui qui règne et c'est vers lui que nous retournerons".

L'interprête ayant traduit ces paroles, le roi les admira et dit: „C'est là un des sages de son peuple et un homme d'esprit". Cependant il avait été surpris de ce qu'al-Ghazal s'était assis par terre et de sa manière d'entrer les pieds les premiers, et il dit: „Nous avions l'intention de l'humilier; mais il a pris sa revanche en nous montrant d'abord ses semelles. Si ce n'était pas un ambassadeur, nous nous offenserions de cela".

Ensuite al-Ghazal lui offrit la lettre du sultan Abdérame. On la lui lut et on la lui traduisit. Il la trouva belle, la prit, l'éleva et la mit dans son sein. Puis il ordonna d'ouvrir les coffres qui contenaient les présents, examina les étoffes et les vases, en fut fort content, et permit aux Andalous de retourner à leur demeure, où ils reçurent de sa part un traitement considérable.

Pendant son séjour dans le pays des Madjous, al-Ghazal eut avec eux plusieurs rapports: tantôt il disputait contre leurs savants et les réduisait au silence, tantôt il combattait avec leurs meilleurs guerriers et les perçait de ses coups.

Ayant entendu parler de lui, l'épouse du roi des Madjous voulut le voir et le fit venir. Arrivé en sa présence, il la salua; puis il la contempla longtemps comme frappé d'étonnement. „Demande-lui", dit-elle alors à son interprète, „pourquoi il me regarde si longtemps, si c'est parce qu'il me trouve belle, ou bien pour une raison tout à fait opposée". La réponse qu'al-Ghazal donna fut celle-ci: „La raison en est que je ne soupçonnais pas qu'il y eût au monde un tel spectacle. J'ai vu auprès de notre roi des femmes choisies parmi les plus belles de toutes les nations; mais jamais je n'ai vu une beauté qui approchât de celle-ci". — „Demande-lui", dit la reine à l'interprète, „s'il raille ou s'il parle sérieusement". — „Sérieusement", répliqua-t-il. — „N'y a-t-il donc pas de belles femmes dans votre pays?" demanda-t-elle. — „Montrez-moi", répondit al-Ghazal, „quelques-unes de vos dames, afin que je puisse les comparer aux nôtres". La reine ayant alors fait venir celles qui passaient pour les plus belles, il les examina de la tête aux pieds et dit: „Elles ont de la beauté; cependant elle n'est pas comme celle de la reine, car la sienne et toutes ses autres qualités ne peuvent pas être appréciées à leur juste valeur par tout le monde, mais seulement par les poètes, et si la reine veut que je décrive sa beauté, ses nobles qualités et son intelligence, dans un poème que l'on récitera dans toutes nos contrées, je le ferai de grand cœur". La reine, chatouillée dans son amour-propre, tressaillit d'aise et ordonna de lui offrir un présent.

Mais il refusa de l'accepter. „Demande-lui donc", dit elle alors à l'interprète, „pourquoi il le refuse; est-ce par mépris pour le présent ou pour moi?" L'interprète ayant exécuté cet ordre, al-Ghazal répondit: „Son présent est magnifique, et en recevoir un d'elle est un grand honneur, car elle est reine et fille de roi; mais le présent qui me suffit, c'est que j'ai eu l'honneur de la voir et d'être reçu par elle avec bonté. Voilà le plus beau présent qu'elle pût me faire, et si elle veut me donner encore davantage, qu'elle me permette alors de revenir à toute heure". Cette réponse, qui fut traduite par l'intreprète, augmenta encore son contentement, et elle dit: „Je veux que l'on porte le cadeau à sa demeure et je lui permets de venir me rendre visite chaque fois que cela lui plaira; jamais ma porte ne lui sera interdite et je le recevrai toujours de la manière la plus honorable". Al-Ghazal la remercia, appela sur elle la bénédiction du ciel et prit congé.

Tammam ibn Alcama dit: Lorsque j'entendis al-Ghazal faire ce récit, je lui demandai: „Était-elle donc, du moins jusqu'à un certain point, aussi belle que vous le lui faisiez entendre?" — „Certes", répondit-il, „elle n'était pas mal; mais à vrai dire, j'avais besoin d'elle et en lui parlant de la manière dont je le faisais, je gagnais ses bonnes grâces et j'obtenais encore plus que je n'avais osé espérer". Tammam ibn Alcama ajoute: Un de ses compagnons m'a raconté ceci: L'épouse du roi des Madjous fut tellement charmée d'al-Ghazal, qu'elle ne pouvait pas laisser passer un jour sans le voir. S'il ne venait pas, elle le faisait chercher et alors il restait auprès d'elle en lui parlant des musulmans, de leur histoire, du pays qu'ils habitent, des peuples voisins, et ordinairement, quand il l'avait quittée, elle lui envoyait un cadeau, des étoffes, des mets, des parfums ou autre chose. Ces visites fréquentes étant devenues de notoriété publique, ses compagnons s'inquiétèrent et lui conseillèrent d'être plus prudent. Trouvant qu'ils pouvaient bien avoir raison, al-Ghazal ne fit plus que de rares visites à la reine. Elle lui en demanda la cause, et il ne la lui cacha point. Sa réponse la fit sourire. „La jalousie", dit elle, „n'est pas dans nos habitudes. Chez nous les femmes ne restent auprès de leurs maris qu'autant qu'elles le veulent, et quand leurs maris ont cessé de leur plaire, elles les quittent".

(La coutume chez les Madjous, avant que la religion de Rome eût été portée chez eux, était qu'aucune femme ne refusait à un homme (s'il était de même condition); mais si une femme noble voulait épouser un vilain, on la blâmait et sa famille l'en empêchait.)

Lorsque al-Ghazal eut entendu la réponse de la reine, il se rassura et désormais il ne se gêna pas plus qu'il ne l'avait fait avant que ses amis eussent parlé.

Tammam dit: Dans sa jeunesse, al-Ghazal avait été fort joli; c'est pour cela qu'on lui avait donné le surnom de gazelle, et dans l'âge mûr c'était un bel homme. A l'époque où il partit pour les pays des Madjous, il frisait la cinquantaine et il commençait à grisonner, mais il avait encore toute sa force, toute sa vigueur, et il n'avait pas cessé d'être beau. Or l'épouse du roi, laquelle s'appelait Noud, lui demanda un jour quel était son âge. „Vingt ans", répondit-il en badinant. „Comment se peut-il", dit-elle alors à l'interprète, „qu'un homme de vingt ans ait les cheveux gris?" — „Pourquoi pas?" répondit-il à l'interprète; „n'a-t-elle donc jamais vu un poulain qui était gris au moment de sa naissance?" Cette réponse la mit de belle humeur et al-Ghazal improvisa à cette occasion ces vers:

„Tu as à supporter, ô mon cœur, un amour qui te harasse et contre lequel tu te défends comme contre un lion. Je suis épris d'une dame normande, qui ne veut pas que le soleil de la beauté se couche jamais, et qui demeure à l'extrémité du monde, là où l'on pénètre bien rarement".

„O Noud, belle dame qui a la fraîcheur de la jeunesse et dont le visage brille comme une étoile, jamais, je le jure, je n'ai vu une personne qui ait charmé mon cœur comme tu l'as fait, et si je m'avisais un jour de dire que mes yeux ont vu ta pareille, je mentirais bien certainement".

„Quand elle eut dit en badinant: „„Il me semble que ses cheveux ont blanchi““, je lui répondis sur le même ton: „„Le poulain est gris aussi lorsqu'il voit le jour““. Cela la fit rire et ma réponse lui plut; c'est pour cela que je l'avais donnée“.

Si ce poème avait été composé par Omar ibn abi Rabia, par Baschar ibn Bord, par Abbas ibn al-Ahnaf, ou par un autre grand poète qui a écrit dans le même genre, on l'admirerait; mais on n'en parle pas, parce qu'il est d'un Espagnol. Comment expliquer sans cela qu'on ne le connaît pas? Car certainement une telle pièce mérite autre chose que l'oubli. Avez-vous vu quelque chose de plus beau que: „qui ne veut pas que le soleil de la beauté se couche jamais?“ Ou que le premier vers de cette pièce, ou le récit de la plaisanterie? Ne faut-il pas avouer que ce sont là des perles enfilées, et qu'on ne nous rend nullement justice?

Mais revenons à al-Ghazal. Lorsqu'il eut récité ce poème et que l'interprète l'eut traduit, Noud en rit et lui ordonna de teindre ses cheveux. Il le fit, et quand il fut revenu le lendemain, elle l'en complimenta, ce qui lui fournit l'occasion de composer une autre pièce que voici:

„Elle m'a complimenté sur la couleur noire qu'ont acquise mes cheveux et m'a trouvé rajeuni. Mais à mon sens des cheveux gris qu'on teint ressemblent au soleil couvert un instant par un brouillard, que le vent dissipe aussitôt. Ne désapprouve pas les cheveux blancs, belle dame; ils sont le signe de l'âge de raison. J'ai de la jeunesse ce que tu en aimes, avec l'humeur enjouée et la politesse des manières“.

Il quitta enfin ce pays pour se rendre à Saint-Jacques, en compagnie de l'ambassadeur des Madjous et muni d'une lettre du roi de ce peuple pour le seigneur de cette ville. Il y resta deux mois, pendant lesquels il fut comblé d'honneurs, jusqu'à la fin de leur pèlerinage. Au bout de ce temps, il se rendit d'abord en Castille avec les pèlerins qui retournaient chez eux, puis à Tolède, et enfin il arriva dans la capitale du sultan Abdérame après une absence de vingt mois.»

Ce morceau est plus curieux et amusant qu'instructif. Il ne donne des renseignements sur les mœurs des Normands ni le but de l'ambassade. Sans doute al-Ghazal était un diplomate consommé. Il est curieux de voir que cet Arabe du IXe siècle était déjà pénétré de cette vérité, que pour mener les affaires à bonne fin, il faut gagner la faveur des femmes. A cela il s'entendait comme nul autre: il savait les flatter d'une manière très agréable et délicate. Il a aussi su se taire à propos; car de retour dans sa patrie il a bien raconté à ses amis quelques aventures, mais rien sur les secrets de l'ambassade; ce qui lui fait honneur, mais est regrettable au point de vue de l'histoire.

D'après l'opinion de Dozy, ce récit curieux mérite de la créance indubitable, aussi bien par la certitude que par la qualité de contemporain de Tammam. Il dit précisément au cours du récit qu'il en avait quelque chose de la bouche d'al-Ghazal lui-même, dont il cite les propres paroles, autre chose de ses compagnons. En tout, ce qu'il raconte spécialement s'accorde avec ce qui nous est connu d'autre part, de l'histoire du Nord.

C'est un temps turbulent que celui où les Normands comme une bourrasque se déchaînèrent sur les pays. Ils vinrent en Espagne la première fois l'an 844, et ils n'y remportèrent guère de victoire ni ne firent de butin, quoique le chemin fût signalé par des torrents de sang et des villes incendiées. Ces hôtes funestes trouvaient la résistance la plus énergique, opposée par les chrétiens montagnards belliqueux de la Galicie et les Maures guerriers de l'Andalousie. Le grand Abdérame avait tout dans un état de défense admirable; Moslems n'avaient pas peur des Normands, et les adorateurs d'Odin du Nord et ceux de Mahomet du Midi se rencontrèrent comme champions dignes de mesurer les forces sur les plaines de l'Andalousie. Après les batailles acharnées aux mois de septembre, octobre et novembre 844 aux environs de Séville, les Normands perdirent l'envie d'y rester plus longtemps et s'en allèrent. Moslems s'étaient réunis contre eux „aussi étroitement, que la paupière est réunie à l'œil", dit Ibn Adhari.

Comme l'ambassade d'al-Ghazal est exactement attachée à cette invasion, elle doit avoir eu lieu l'an 845. Malheureusement le roi des Normands n'est pas nommé, mais doit avoir été *Harik*, *Horik* ou *Eric I*, bien connu de l'histoire d'Ansgar, fils du célèbre Gudrød ou — comme le Franc Eginhard l'appelle — Godefrid, l'adversaire vigoureux de Charlemagne. Harik était un ennemi acharné de la foi chrétienne. Les annales rapportent une série de ses invasions sur les côtes du territoire des Francs. Cependant en 845 Harik donna la liberté aux captifs, et la même année il proposa la paix au roi Louis le Germanique. Un changement remarquable semble avoir eu lieu dans son esprit. Ansgar avait gagné son estime par sa manière de penser honnête et de sa conduite noble; il fut son conseiller familier et ouvrit tellement son cœur à la foi chrétienne, qu'il lui fit permettre la construction d'un baptistère à Hedeby ou Slesvig à l'entrée du Holm, qu'il envoya des dons au pape, et d'après l'avis d'autres se fit même baptiser.

Après avoir vécu ses dernières années en repos, il fut à la fin attaqué par plusieurs princes exilés et tué dans une bataille sanglante de trois jours en 854. A juste titre ces pirates regardaient Harik comme ennemi, qui, sous l'influence d'Ansgar et de l'esprit doux du christianisme, n'avait pas pris part aux expéditions, mais les avait désapprouvées, et qui cherchait, autant que faire se pouvait, d'en effacer les souvenirs. Deux fois il communiqua à Louis le Germanique, qu'il avait fait tuer plusieurs vikings les plus féroces et les plus dangereux.

Tout cela jette de la lumière sur les *motifs* de l'ambassade à Abdérame II. Il est évident par le récit de l'invasion de 844 que Harik lui-même n'y avait pas pris part en personne, car Ibn Adhari dit expressément, que le chef des Madjous avait été tué. Les Normands, de retour dans leur patrie, avaient parlé des cruautés commises, qui avaient tellement rempli d'horreur l'esprit de Harik, qu'il voulait en effacer le souvenir et l'empêcher pour l'avenir. Sa proposition de paix ne pouvait être que bien accueillie par Abdérame, qui n'avait rien à gagner, mais tout à perdre par la continuation de ces invasions; les dévastations cruelles en mémoire recente, il ne pouvait que souhaiter à assurer son pays et son peuple de tels malheurs à l'avenir. Il épousa volontiers la proposition dont nous ne savons pas les particularités, mais qui n'a guère eu d'autre but que celui d'établir des rapports paisibles.

Peut-être Mr. Kunik a raison, en pensant à une *alliance* contre le royaume Franc, avec lequel Abdérame alors était en guerre.

L'île sur la frontière du pays de Madjous, où les vaisseaux furent radoubés, semble avoir été une des îles de la mer du Nord; car qu'il s'agisse ici du Danemark, c'est ce qui sort distinctement de la description de la grande île à trois journées, entourée de beaucoup d'îles petites et grandes — évidemment *le Seeland* — où le roi demeurait dans Lejre; et que le continent leur appartenait aussi, tant le Jutland que la Scanie, lequel demandait pour être parcouru plusieurs jours — tout cela s'accorde seulement avec le Danemark. Qu'il y eût une quantité innombrable de Madjous dans ces îles, ou qu'elles fussent très *populeuses*, cela s'accorde encore très bien avec le domicile de grandes bandes de Normands et rappelle le trop-plein de la population dans les traditions du Nord comme la cause principale d'émigration et le terme de Jordanes: „officina gentium, vagina nationum".

Qu'ils fussent alors *païens*, est bien sur, mais voici quelques erreurs qui ne sauraient pas étonner, p. ex. l'indication de la distance de la grande île du continent (du quel point du continent d'ailleurs?), l'exagération des *horreurs* du paganisme, le mariage avec les mères et les sœurs, qui semble être emprunté des usages de l'Orient et de l'Égypte, p. ex. des Ptolémées; la vente des captifs païens pour l'esclavage, par les chrétiens, et enfin *l'adoration du feu*, qui revient si souvent dans les récits arabes sur les païens. Ainsi on trouve au commencement de la chronique d'Alphonse le savant (fol. 7 du grand manuscrit d'Escorial) que quelques peuples qui émigrèrent de l'Asie et s'établirent dans un âge très éloigné „dans les îles froides septentrionales comme la Norvège, le Danemark et la Prusse", adoraient le feu, vraisemblablement un souvenir des Arabes tiré de l'Orient, de la doctrine de Zoroastre en Perse, qui tenait le feu pour sacré, par quelle raison ses adhérents furent nommés: „adorateurs du feu". Ces peuples fabuleux sont dans la chronique d'Alphonse appelés de noms différents: Almunices, Almojuces, Almujuces, Almozudes, Almonides, qui sont employés pêle-mêle sans aucune différence de signification. Ils sont tous des corruptions du mot Madjous, sans doute le même que „mage", et ils désignaient par là justement „adorateur du feu", idolâtre, en général: païen. Sur ces Almunices rapporte la chronique, qu'ils avaient beaucoup de vaisseaux, qu'ils devinrent très puissants sur la mer et prirent la résolution de s'emparer de tous les pays qui donnent sur les côtes, image frappant des expéditions des Normands.

Le roi des Madjous est dans le récit clairement présenté comme *seul et unique roi*, qui dominait autant sur les îles que sur le continent, et l'exposition arabe affirme ainsi le résultat des recherches historiques modernes dans le Nord, que la supposition de l'union du royaume danois sous Gorm-le-vieux repose sur un fondement peu solide, et que le Danemark a été uni avant son temps, comme Saxe le présente, qui seulement connaît l'unité originaire.

Que le roi cherchât de faire impression sur al-Ghazal et ses compagnons par un étalage *d'armes magnifiques*, cela s'accorde bien avec la prédilection des hommes du Nord pour des armes et des vêtemens splendides. Le rapport singulier avec la reine donne au récit une couleur poétique. Le nom de Noud doit être une corruption de la forme septentrionale, que les Arabes n'ont pas pu prononcer ou conserver, p. ex. Asny, Auđun, Gudrun, Hrođny, Idunn, Oddny, Unnr etc.

Les déclarations de la reine sur le *mariage* chez les hommes du Nord sont très frappantes. Le lien était facile à résoudre; comme cause de divorce (skilnađr) il suffit que les deux parts ne s'accordaient pas, encore davantage, si le mari avait des concubines (friđlur). Au contraire, on chercha sévèrement d'empêcher le mariage entre des libres et des serfs.

Ainsi les remarques de l'auteur arabe sur le Nord — les seules qui existent, fondées sur un voyage arabe au Nord — sont affirmées par les témoignages de l'histoire du Nord.

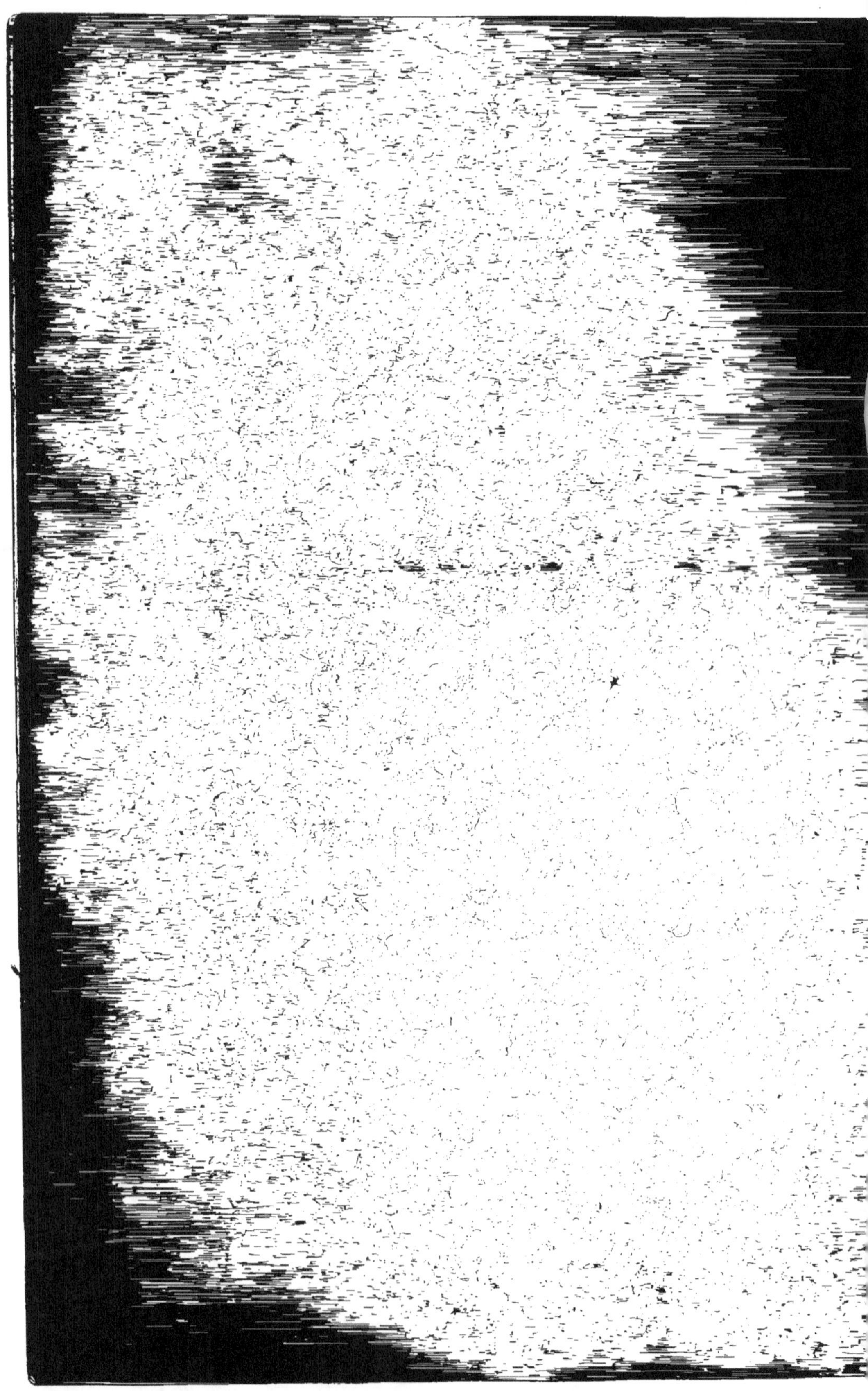